大展好書　好書大展
品嘗好書　冠群可期

大展好書　好書大展
品嘗好書　冠群可期

德國教練員培訓班
的學員合影

歐洲教練員培訓班
的學員合影

日本大阪培訓班的學員合影

日本太極柔力球聯盟教練員學習班全體學員合影

群體表演太極柔力球

殘疾人表演太極柔力球

集體太極柔力球表演賽

學生練習太極柔力球

國際太極柔力球大會日本表演隊的表演

荷蘭太極柔力球
球友合影

台灣、香港學習太極柔力球的小朋友合影

作者在韓國敎太極柔力球

作者在日本九州敎太極柔力球

電視台對太極柔力球練習現場的採訪

內容簡介

太極柔力球是中國傳統太極運動思想與現代球類運動相結合的產物，是中國太極陰陽理論的結晶，是一種太極化了的球類運動。它突顯了民族特色和東方神韻，有很好的競技性、觀賞性和娛樂性。器材簡單，隨處可練，雅俗共賞，老少皆宜，健身效果顯著，深受廣大群眾喜愛，在全國和世界許多國家都掀起了太極柔力球運動的熱潮。

為了更好地弘揚民族文化，使太極柔力球運動能更規範更科學地發展，太極柔力球創始人白榕教授將十多年來專注於此的心得體會鄭重呈現給大家，並親自示範講解每一個技術動作；同時，我們還在書中配送了技術教學光碟，使學習形象生動、深入淺出，更加方便大家的理解和學習。

相信在該書的指導下，大家一定能夠享受到該運動所帶來的自由快樂、天人合一的美好境界。

目　　錄

第一章

太極柔力球概述

太極柔力球秉承中國傳統的太極陰陽理論，屬於一種太極化的球類體育運動項目。這種運動用生動的肢體語言，形象直觀地展示了中國人的哲學思想和為人之道，是看得見、摸得著的中國文化。所以，我們叫這個中國球為「太極柔力球」。

第一節　發明過程及前景展望

我從小熱愛體育，1984年畢業於山西大學體育系，分配在山西省晉中市衛生學校擔任體育教師。在體育運動中，我對球類運動和武術、拳擊比較偏愛。在一次訓練器材的改進中觸發了靈感，經過多次實驗和改進，最終將中國傳統的太極運動思想與現代球類項目結合起來，創造出了全新的體育項目「太極柔力球」。1991年正式完成了球拍和球兩項專利的設計，向國家專利局申請了發明專利和實用新型專利，並都獲得了批准。

從事體育教學工作特殊的職業敏感告訴我，太極柔力球在學校和社會之中都將會是一項很有前途和廣泛推廣價值的體育項目。

隨著這個項目的深入研究和發展，太極柔力球運動的特點越來越突現出中華民族的民族特色和東方神韻，使我看到了它巨大的發展潛力。

讓太極柔力球運動立足於中國體壇，並在將來某一天能登上世界體育的大雅之堂，最終能進入奧運會，讓體現

中華傳統文明的「太極柔力球」在世界體育盛會上綻放光彩，就成了我最大的追求和夢想。

第二節　太極柔力球運動的發展

一、初期發展概況

1992 年，在中華全國總工會職工大眾體育創編項目徵集活動中，太極柔力球運動得到了活動組織和專家的充分肯定。

1993 年，在全國職工大眾體育創編項目展示中，太極柔力球被評為「優秀創編項目」。

1995 年，太極柔力球運動又分別通過了國家教委下屬的全國中小學體育教學改革指導小組、全國高等學校體育教育指導委員會的正式評定，專家一致認為該項運動具有鮮明的民族特色和廣泛的實用性，適合在我國大、中、小學中開展。

1996 年 9 月，全國第三屆工人運動會成功地將其納入正式比賽項目。在此屆工運會上，共有來自全國 18 個產業部委和 19 個省市區的 37 支代表隊共 281 名運動員參加了角逐。這次比賽活動取得了圓滿成功。這是太極柔力球問世後的第一次全國性比賽活動。這次比賽活動的成功舉行，為太極柔力球以後的發展奠定了堅實的基礎。

2000 年 3 月，全國老年體協體育工作會議鄭重地作出了要在全國大力普及和推廣太極柔力球運動的決定。中央電視臺《夕陽紅》欄目隨即成立了太極柔力球運動指導委員會，北京市也成立了太極柔力球運動委員會。同年 8 月，中國老年人體育協會和中央電視臺聯合，在北京舉辦了全國太極柔力球裁判員培訓班。

2001 年中國老年體協成立了太極柔力球推廣辦公室，建立起項目服務體系，並邀請各方面專家組成太極柔力球教學科研小組，對這項運動進行了改編並修訂了中老年競技比賽和表演賽規則。重新編寫了《太極柔力球教與學》教材，拍攝了大型教學片《太極柔力球教與學》，並由中央電視臺向全國播放。

僅 2002 年，就先後在北京、江西、陝西舉辦了五次全國太極柔力球教練員和裁判員培訓班，並於 2002 年 11 月舉辦了全國首屆中老年太極柔力球比賽。

2003 年，在全國掀起了太極柔力球運動的熱潮後，又分別在上海、湖南、雲南、甘肅、福建等省市舉辦了培訓班，使國內太極柔力球運動的普及範圍和技術水準有了長足的發展和提高。從 2002 年開始，在中國老年體育協會的組織下，每年舉辦一屆全國中老年太極柔力球比賽，規模逐年增大，參與的省市也在不斷增加。截止到 2007 年，已舉辦過 6 次全國比賽，使太極柔力球運動在中國大地得到了真正的普及。

2006 年 5 月 22 日，國務院總理溫家寶在北京菖蒲河公園向正在中國進行正式訪問的德國總理默克爾介紹太極

柔力球的玩法，更是使這一典型的「中國式的運動」起到
了推進兩國的政治、經濟交流的作用，同時也為太極柔力
球運動走向世界提供了一個極好的契機。

　　目前，全國已有 26 個省市自治區開始了太極柔力球運
動的推廣和普及工作，在全國有近 200 萬人參與這項運
動。太極柔力球運動已成為一種中國民族體育的象徵和文
化符號，在奧運宣傳片中，在民俗文化旅遊中，在社區體
育活動中，在大型體育比賽和文化節的開幕式上，到處都
能看到它的身影。

二、當今的發展

　　經過十幾年的不斷改進，太極柔力球運動已初步形成
了一個完整的運動項目體系，並隨著運動的不斷發展而日
漸完善。目前已在歐洲、亞洲、澳洲和美洲的 20 多個國家
和地區開展了這項運動，並成立了相應的專業協會。其
中，以日本和歐洲的一些國家開展規模較大。

　　2006 年 9 月和 2007 年 10 月，在日本大阪舉辦了兩屆
全國比賽；歐洲的德國、法國、義大利、荷蘭等 10 國在青
島建立了培訓基地，每年都會派人來中國接受培訓。2006
年 10 月和 2007 年 9 月，分別在德國和奧地利舉辦了兩屆
歐洲太極柔力球錦標賽。2006 年 5 月，在北京成功舉辦了
國際邀請賽，2007 年 6 月，在澳門舉辦了兩岸四地邀請
賽。各項國際間的賽事都取得了圓滿成功。

　　2003 年，北京市 21 世紀體育教材編委會將柔力球項

目列入中小學體育課選修教材。山東、大連、哈爾濱、臺灣、香港、澳門等地也都相繼在小學和中學中開展了教學活動，並受到了師生的一致好評。

到目前為止，全國高校中，已有北京體育大學、香港浸會大學，山西財經大學、華中師範大學、武漢體育學院、東北林業大學、浙江工業大學、廈門大學、瀋陽體育學院、河北資訊工程學院、內蒙古師範大學、湛江師範學院、江蘇淮陰師範大學、深圳大學等院校都將此項運動列為正式課程或選修課程。各級各類學校太極柔力球運動的展開，讓我們看到了太極柔力球更加光輝美好的發展前景。

第二章

太極柔力球基本理論

第一節　太極柔力球運動的文化淵源

一、歷史溯源

　　「易以道陰陽」。源於《易經》的太極陰陽思想對中華民族的思維方式，行為規範，軍事謀略，語言風範甚至書法用筆等方面，都有著重要和直接的影響。

　　太極陰陽思想的核心，就是告訴人們不要輕視事物反面質態的價值。中國的哲學經典如《周易》《老子》等都在告訴人們：善於用「反」常常是取得成功的關鍵。

　　這一思想指導下的體育運動古已有之。早在宋、明時期，我國就開始出現了專門以體現「太極」這一宇宙大理的肢體運動。這種體現「太極」思想的肢體運動，在當時及以後漫長的歷史中，對促進中華民族的體質健康做出了重要的歷史貢獻。

　　太極柔力球運動是在人們普遍崇尚休閒、追求健身的新的歷史時期應運而生的一項太極化的球類運動。這種運動是「反」的技巧，是圓的藝術；是以退為進、以柔克剛、以巧擊蠻、以小勝大、以弱勝強為其特點。

　　在人類充滿競爭的新的發展時期裏，這種運動能夠引導和啟發人在當代社會中如何收斂自己的情感，如何保持平和的心態，如何全面、宏觀地去處理問題，如何不計較

一時一地的得失而獲取最後的圓滿與勝利。所以說，這種運動是以中華傳統文化為代表的東方文明所指導下的行為思想的直觀體現。

二、文化內涵

1. 圓的運動

在中國傳統文化中，「圓」是世界萬事萬物無窮運化的本源，是生命和物質世界生生不息、循環發展的自然軌跡。「道即是圓，圓即是道」「曲則全」「曲成萬物」「動靜要法於自然，本於天道」，這些思想都是先哲留給我們的寶貴財富。

「圓」同時也是太極肢體運動的核心思想。在這種思想指導下的運動，要求運動者的內心、外形、身法、用力無處不圓。「圓」是太極運動取得勝利的法寶。太極柔力球運動圓潤流暢、環環相扣、勢勢相連、綿綿不斷的運動特點，都與自然之道相合，與中華民族祖先所追求的和諧自然的生活理念相一致。

2. 中 道

「中正」「中庸」在中國傳統文化中也是一種重要的哲學思想。做事不能太過，也不能不及，要執其兩端而用中，才能達到不動不亂的境界。

在太極柔力球運動中，競技比賽的攻防動作都是由圓

弧運動完成的，所以，能否控制好旋轉中軸和身體的平衡就成了能否完成每一個動作的關鍵。而在表演賽中，最重要的技術要求恰恰就是中正平舒、圓潤流暢。也就是太極柔力球運動處處守中正、處處求平衡的技術要求，無形中使我們在輕鬆愉快的運動中得到「中正中庸」傳統思想的體悟和實踐。

3. 以靜制動

在充滿活力的中國傳統文化中，「靜」的思想無處不在。「以靜制動」「以靜養生」等見解，屢見不鮮。

太極柔力球運動要求在運動中做到人、拍、球三位一體，你中有我，我中有你，而且連綿不斷、互不離棄，如果稍一分神，就會拍、球分離，使運動無法繼續進行下去。這種運動，要求身體在不斷完成纏綿柔和的太極動作的同時，心要保持靜守於球的狀態，正與道家修練中「專氣致柔」的要求不謀而合。

第二節　太極柔力球的健身意義

一、健身特色

據資料統計，在世界上的各種職業中，平均生存年齡最高的是音樂指揮家。在音樂指揮活動中，他們將自我融

入優美的音樂之中，無拘無束，盡情地舞動身軀，去宣洩自己的情感，使精神和身體得到雙重的鍛鍊和享受。

而無論是西醫還是中醫都贊同的一點是：快樂加運動是延年益壽、防病治病的最佳良藥。指揮家將快樂融入了自己的工作之中，用心在享受自己的工作，所以才有健康長壽的身體。太極柔力球運動是將中國和諧、自然的養生之道，與西方優雅、競爭的體育觀相結合，取長補短，精心設計的全新運動形式。

太極柔力球運動的整個過程，本身就是剛柔並重、緩急有致、形神兼備，充滿趣味和高雅的藝術創造活動。太極柔力球演練時自由自在，隨心所欲，自然舒暢，達到一種身心兩忘的迷醉狀態，幾乎不是用手在打球而是一種氣韻，一種心聲，一種智慧的蕩漾，在心理上和肢體運動上與指揮家極其相似，它是本能的、自然的、即興的創造。身體的運動節奏與精神的運動節奏完全協調，達到一種有序的、和諧的生命律動。

練習者踏著音樂的節拍，盡情徜徉在音樂的海洋之中，享受音樂和運動帶來的歡樂。

我們手中的球拍就像指揮家手中的指揮棒，讓我們成為自己生命樂章的指揮家，讓快樂常在我們身邊和心裏，當然我們也一定會像指揮家一樣健康長壽。

二、修練身心

我們知道，指揮左手活動的是人體的右腦。據醫學研

究證明，右腦在處理節奏、旋律、音樂、圖像、幻想等創造性思維方面起著主要的作用。

在大多數的體育運動中，雙手往往不能得到均衡鍛鍊，特別是左手得不到應有的活動。太極柔力球運動是一種全身性的運動，它不僅可以使頸、肩、腰、腿得到均衡全面的發展。而且還可以雙手持拍打球，使雙手得到均衡鍛鍊的機會。再加上圓形動作的變化比較複雜，隨機多樣，對訓練中樞神經系統機能，具有良好的作用。

據最新研究資料表明：決定少年兒童未來成功的因素，智商因素只占 20%，而其餘 80%的因素決定於情商。所謂情商，簡而言之就是指一個人的心理承受能力和心理調節能力。

太極柔力球靈活多樣的技術動作，全身參與的整體運動形式，能夠使青少年的身體得到全面均衡的發展。任想像自由發揮，隨機創造的運動特點，以退為先、以靜制動的反意識活動，可以大大促進青少年的多向思維、反向思維和創造意識，在鍛鍊身體的同時也可以開發智力，提高學習能力和對新事物的接受能力。

三、心理調節

當今社會科學技術飛速發展，生活節奏也不斷加快，要求人的接受能力、反應速度不斷提高，這樣就帶來了精神和心理上的高度緊張。社會的發展變化也不可避免地影響到在校學生。嚴酷的升學壓力和就業壓力，使得在校的

大、中、小學生普遍心理負擔較重，表現為情緒煩躁、焦慮、失眠、容易激動、沒有耐心、性格孤僻、自私、不善於與人交流等心理障礙。

醫學研究表明：對於精神憂鬱，首先要解決的是睡眠問題。提高睡眠品質的最好方法就是進行有規律的運動。有規律的運動可以使累積的緊張情緒和精神壓力得到舒緩和釋放。睡眠時腦波的慢波增強，增加熟睡期和深睡期的時間，使腦內的激素分泌更加協調，從而可以緩解人的緊張情緒。

太極柔力球運動處處圓靈舒展，平和自然，時刻追求一種人與人、人與球、人與自然的和諧，正是在音樂的伴奏下的有節律的運動。太極柔力球運動雙方對打，你來我往，每個球飛來時，就是一個個困難和考驗的來臨。

運動要求習練者不能簡單地對立或逃避，而是引導人們如何認識矛盾、化解矛盾，並變被動為主動。由每一個接球過程，每天千百次的重複訓練，就會逐漸形成忍讓包容、含蓄婉轉、理智大度的行為規範和巧妙應對、因勢利導、謙虛好學、與人為善的處事之道。

在當今社會，要想使青少年健康地成長，首先要使他們有健康的心理，有積極樂觀的心態和理智穩重的個性以及良好的心理承受能力，這樣才能更好地完成學習任務，更好地與他人交流，更好地融入社會，適應社會的發展。

太極柔力球運動在心理調節方面的作用，來得直接而且有效。

四、放鬆休閒

　　「太極柔力球」運動同樣也適合上班族和體力勞動者。「太極柔力球」運動本身具有柔和性、剛柔相濟性、技巧性以及活動中的多關節性、大小肌肉的配合性等，這些特點對於解除勞動者的身心疲勞，具有顯著的衛生學意義；對於神經系統的協調和神經、肌肉兩系統之間的密切配合，有著其他運動項目不可替代的作用。

　　另外，對於習慣於西方體育運動的高級運動員來說，「太極柔力球」也不失為一項良好的「協調」練習活動。西方式的運動過多強調了人體運動的「順關節性」「本能性」「自然性」，而很少強調運動中的「反關節性」「非自然性」和「非本能性」等。「太極柔力球」恰恰是一種專門強調「用反」的活動，活動中，到處都體現著「動中有靜」「進中有退」「柔中有剛」的特點。

　　高級運動員經常從事這項練習，無形中會使其肌肉控制和神經協調得到極好的鍛鍊，同時還可促進他們在戰術戰法方面更加靈活機智、成熟穩健。

五、氣血平衡

　　古人曰：「精神不運則愚、氣血不運則病。」中國傳統醫學認為：人體陰陽的任何一方只要出現不平衡的「偏盛」「偏衰」，均會導致人體生理功能的紊亂而引發疾

病。現代醫學也證明，積極的情緒能調動人體的內在潛力，提高人體自身的免疫力，有利於激發人體各器官功能的自我調節和控制能力。

27

由於太極柔力球是一項輕靈、柔和的運動，練習時，儘管肢體在運動，但肢體高度放鬆，放鬆的肌肉在肢體的帶動下有規律地扭動，更像是在享受按摩。這樣的運動使得周身氣血流通，筋絡舒活，積鬱減輕，人體的五臟六腑，全身各關節和肌肉都能得到整體的鍛鍊，從而使人體獲得陰陽平衡，獲得健康。

「太極柔力球」運動在練習時，拍內隨時要控制一個小球，所以在打球過程中思想意識完全集中在控球上，運動器官活躍興奮。經常在這樣的環境狀態下，自然可以使我們忘卻生病，擺脫病態心理，增強戰勝病痛的自信和勇氣。人類在進行快樂運動時，大腦的運動指揮區域高度興奮，大腦皮質其他區域能處於一種保護性的抑制狀態，使緊張的精神得到積極的休息和調整，從而可以使人體得到新的生理平衡。

這也是許多慢性疾病在忘我愉悅的太極柔力球運動中，不知不覺減輕病痛，甚至徹底治癒的主要原因。

六、快樂減肥

由相應的統計和調查，我們發現：比較肥胖的人參加柔力球運動，在很短的時間裏，不需刻意縮食，可以輕鬆愉快地減去幾公斤到幾十公斤體重。這樣的事例在全國很

多。最多的在半年時間減去了三十公斤體重，大大減小了人體的負擔和文明病滋生的機會，使身體保持健康的生理平衡。

經常參加這項運動的人一定能體會到：在運動時出汗很快很順暢，長時間運動不感到疲勞，並且運動完後身體恢復很快。這是因為太極柔力球運動幾乎所有的動作都是在轉圈、走弧、旋圓中完成。圓形運動產生的離心力加快了血液的流動和排汗過程。這與洗衣機的工作原理是一樣的。人體在運動時出汗是血液循環和代謝加快的良性產物，良好的新陳代謝使體內的廢物得到及時清除，多餘的能量被充分消耗，對身體的減重去脂非常有效。

很多人把去打太極柔力球稱為去洗「桑拿浴」，每天不打球渾身難受。這是因為身體在進行全身參與和放鬆柔和的運動時，肌肉內開放的微血管的數量增加了許多倍，並且擴大了血管溝通的橫截面。微細血管的開放、暢通，會大大改善人體各器官系統的微循環能力，增強各器官系統的自我保護、自我修復和工作效能。

經常進行這樣的活動能夠使血壓保持正常值，防止血管硬化和栓塞等疾病的產生，使人感到神清氣爽，從而大大增強身體的免疫力和總體健康水準。

七、改善循環

太極柔力球運動的要領、要求「上虛下實中間靈」「鬆腰活胯」，腰為主宰帶動全身活動，肢體的每一個動

作都是由腰腹轉動運力而完成的。

　　這樣的運動方式，能夠對內臟器官起到很好的按摩作用。因此，太極柔力球運動不僅能有效鍛鍊骨骼肌和心肌，同時也能有效鍛鍊內臟器官的平滑肌，使胃腸蠕動和消化液的分泌能力增強，使唾液、澱粉酶的下降速度減慢。這樣就保證了運動者有好的食慾和消化能力，使人體所需的營養及能量得到及時補充，腸道的毒素得到及時清除，從而減少胃腸擴張、胃下垂、胃炎、腸炎、消化不良、便秘等常見病的發生，大大提高人們的生活品質和健康水準。

八、防病治病

　　太極柔力球運動的要領，決定了太極柔力球運動的動作編排全部是順關節自然放鬆的圓弧運動。這種運動沒有肌肉群的爆發性收縮，鍛鍊時，全身一動無有不動。不僅大肌群參加活動，而且全身各部分的小肌群也協同參加，如旋轉、畫圓，反覆的纏、繞、黏轉，使收縮與放鬆交替進行，運動始終都能保持周身活動狀態和對肌肉關節的合理刺激與鍛鍊。這樣就增加了肌肉力量和對關節的保護性，也減緩了肌肉的萎縮和骨骼及關節的退化，可以使腰椎、頸椎和其他關節有疾患的人的病痛在鍛鍊中不知不覺地得到緩解。

　　比如肩周炎是多發病和常見病。它是一種無菌性炎症，主要是由於缺乏活動，組織黏連引起的。表現為疼

痛、活動受限，不好治療。

太極柔力球運動使周身氣血流通，達到通則不痛的療病效果。同時關節和肌肉又是在放鬆狀態下揮甩，無意中起到散淤通絡、按摩牽引的治療作用。

實踐證明：參加幾個月太極柔力球運動的人，肩周炎的症狀大大減輕，很多人還得到了徹底治癒；很多被病痛折磨多年的人，經由太極柔力球的練習得到了根治，找回了健康，找回了自信。

第三節　太極柔力球運動廣泛的適應性

一、新穎時尚

人們對文體活動實用性和多樣性的追求，已成為當今社會生活的熱點與時尚。一個新興體育項目的推出、推廣及發展前景如何，取決於它的大眾價值取向的大小。

太極柔力球面世後之所以能夠很快被社會有關方面關注並認可，除它自身具備的特殊魅力外，也與它符合我國國情、具有民族特色、適應基層活動狀況、貼近群眾健身實際的主要特性密切相關。

太極柔力球運動無論是內容、形式、技術要領還是運動器材都具有濃厚的中國文化色彩。這種運動不僅能使大眾強身健體、祛病延年，還可以怡情、修身、養性，提高

人的精神境界和文化素養，進而提高人的生命品質。這是此項運動能夠在短短的時間裏得到普及發展的重要原因。

二、物美價廉實用有效

太極柔力球運動廣泛的適應性表現在很多方面。隨著社會的發展，文化生活的豐富，學生們已不再滿足於簡單傳統的體育訓練。由於學校條件有限，一堂課下來渾身泥土，學生上體育課的抵觸情緒較大，尤其是高年級的同學，學生不想學、老師不願教，這種矛盾也是多年來學校體育教學矛盾的一個重點。

學生們喜歡學習趣味性強，新穎、美觀、看起來比較文雅、紳士的運動，如羽毛球、網球、乒乓球等。但這些運動受場地、氣候、資金等條件的制約較大，學校很難滿足學生的運動要求。有限的幾隻球拍也因運動方式是狠抽猛打，每個學期都會全部報廢。一方面是學校體育經費的嚴重缺乏，另一方面是大量的浪費。

太極柔力球運動的特點正好能夠解決學校體育的這個突出矛盾。這項運動輕鬆自然、瀟灑大方，有著很好的觀賞性和趣味性，學生想學，老師愛教。在學習和訓練時，給了練習者很大的自由發揮和隨機創造的空間，使體育課的練習成為一種快樂和享受。

太極柔力球不受場地和氣候的限制，室外鍛鍊有點場地就行。門庭小徑、樓道屋頂都可以因地開展，空曠場地更佳。颱風下雨，室內床前也照樣可以揮練自如。

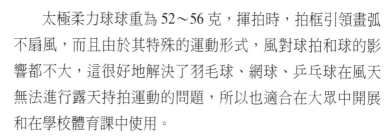
太極柔力球球重為 52～56 克,揮拍時,拍框引領畫弧不扇風,而且由於其特殊的運動形式,風對球拍和球的影響都不大,這很好地解決了羽毛球、網球、乒乓球在風天無法進行露天持拍運動的問題,所以也適合在大眾中開展和在學校體育課中使用。

太極柔力球器材價格低廉,不易損壞,一套器材能用好幾年。所以,本器械更適合我國國情,更貼近廣大群眾的鍛鍊實際。

它所使用的球內裝有顆粒物,球本身就有很好的離心力,在顆粒的作用下,球很容易貼靠球拍,初學者少則兩小時,多則兩三天就可初步掌握,而且在球內填充的顆粒,使球落地後不會滾跑很遠,減少了大量的撿球時間,也為運動開展提供了方便。針對手部出汗很容易使球拍滑落,使技術動作變形;同時也考慮到手部神經穴位豐富,為了充分地利用鍛鍊時間,使運動者接受更廣泛的健康功效,拍把的外面,設計了防滑按摩套,拍把的內部裝上了永久磁鐵,使廣大的練習者在休閒運動時,既鍛鍊了身體,又達到了按摩磁療的保健效果,一舉多得,進一步提高了這項運動的健身性和實用性。

第三章

太極柔力球的基本
準備與注意事項

第一節　練習的技術要求與準備

一、意念集中

太極運動不僅在外形上是獨特的，而且在心理上也有其特殊的要求。

練太極首先要做到心靜、體鬆，用意而不用拙力，要將內在的意識貫注於外部動作之中，形意兼備，正如練太極拳所要求的：「神為主帥，身為驅使」「意動身隨」，只有心靜、意念集中才能發揮自身最大的潛能，調動身體各個肌肉、關節形成合力。

在練習時要專心於鍛鍊，不能三心二意。比如運動和勞動，看起來都是肢體的活動，但效果卻截然不同，就是因為意識和行動相背離所產生的結果，運動使人健康快樂，而勞動如果沒有好的心理引導會使人感到疲勞、痛苦。

所以，我們在鍛鍊之初就一定要營造健康快樂的心理氛圍，用心去鍛鍊，這樣才能得到良好的鍛鍊效果，否則我們身在神不在，不僅打不好球，而且會起相反的作用。

熟悉這項運動的人都知道，在打球時思想一開小差球馬上會掉，這項運動本身就要求你必須專注在球上，是對你心理的一種考驗，透過鍛鍊使我們體會到人球合一、天

人合一的境界，那樣才能真正達到鍛鍊身體、錘煉意志、
內外雙修的目的。

二、柔緩自然

太極柔力球表面看起來輕鬆自然，簡單易學，但它卻
有獨特的運動理論和技術要求，需要身體有一定的協調性
和技巧性，如果急於求成，不耐心學習技術要領，很容易
使動作出現偏差，做出的動作緊張拘謹，斷斷續續，很費
力氣但鍛鍊效果卻不好。

所以，在學習之初一定要循序漸進，先理解領會這項
運動的特點和技術要領，從徒手開始，再到拿拍帶球，逐
漸深入練習，規範準確地掌握每一個動作要領，萬不可圖
快而走向好勇鬥狠追求力量、追求速度的歧途。

在體育項目中，更多的是以力量和速度取勝，這已在
人們的思維中形成了一定的定勢。要想學好太極柔力球，
在前期一定要柔軟，使動作中的僵硬勁化作柔軟勁，並保
持這種柔軟的習慣。

這一時期是盡力求柔，在不用力的原則下慢慢地做各
種技術動作，練習時不用力就容易使人發現動作中的缺
點，並在慢柔中改正存在的問題，形成正確的動力定型。
所以，在這個階段的訓練一定要注意動作的圓柔性和完整
性，每一個動作和旋轉都要完整連貫，一氣呵成。

有些人在練習之初不適應這種運動特點，柔不起來，
老想去打球，全身緊張心情急躁，感覺這項運動難度大、

不好學。

實際上初學者都會碰到這樣的問題，只是適應的快慢不同，只要耐心學習，克服原有的意識習慣和思維定勢，找到它特有的球感，很快就可以駕馭自如了。

三、圓靈舒展

太極柔力球運動，實際上就是各種不同方向的圓周運動。出球品質的好壞，動作是否優美、漂亮，關鍵問題是圓畫得怎樣，而畫好圓的關鍵是圓心和半徑。

只有圓心固定、半徑固定，才能畫出一個規矩完整的圓，也才能加快畫圓的速度，有了速度也自然就有了力量，但是在平時的訓練中往往忽視這兩個問題，捨本逐末，老想著在運動過程中突然壓肘、抖腕，加速加力，以獲得好的進攻力量，但這樣恰恰破壞這個圓的完整，破壞了圓周運動整體的美觀和協調，當然也破壞了整體力量的蓄積過程，使動作僵硬並造成兩次加力犯規。

所以，在訓練中一定要克服過去腦海中其他體育項目的慣性思維，不要急於求成，而要耐心穩健地將每一個動作的圓心、半徑找準，固定好，這樣才能畫出美觀、大方又有速度和力量的圓。

很多動作犯規，看起來不順暢、不舒服、不自然，多半是圓心、半徑不固定，身體轉動時力量不集中，最後出球時突然壓肘扣腕造成的。

四、沾連黏隨

球入拍以後，球之所以能在球拍上沾貼不動，是因為球拍在身體的帶動下進行圓周運動，使球向外的離心力和球拍向內的向心力平衡而產生的現象。

大家知道，旋轉速度越快，球的離心力和球拍對球的向心力就越大，球和球拍就會沾貼得很緊。

初學者一個易犯的錯誤，就是因為怕球掉落，而小心翼翼，不敢使力拉球，殊不知越是這樣，越容易使球從拍中漏掉。所以，不管是在競技比賽的入球到出球階段，還是在各種套路演練中，都要帶球拉出力量，時刻從手上感覺出球向外走的離心力，這樣才能恰到好處地將球拍放於最佳的包球位置，使球和球拍貼得更緊，從而體現出力不斷、圓不缺，球和拍沾連黏隨，動作環環相扣、勢勢相連、綿綿不斷的太極特色。

五、中正平舒

在打太極拳中要求立身中正，不偏不倚，並以立身中正為第一要義，而且身法端正，才能不受制於人。打太極柔力球也是如此。

太極柔力球的每一個技術動作都有一個相對的軸和中心，如果我們過剛或過柔、過強或過弱、過遠或過近、過高或過低，用力過大或過小都會造成旋轉偏離主軸，失去

平衡，不能高品質地完成動作。

這就需要我們在平時的習練中加強輔助訓練，使每一個方向和不同步法及騰空都能有一個平穩的軸，這樣我們才能高品質地、精彩漂亮地完成每一個動作。所以，訓練中要注意找動作的中心和支撐點，找準動作的旋轉軸是我們提高動作品質的關鍵。

太極柔力球的移動靠步伐滑動，保持身體中正，也就是保持了平衡。有了平衡就可以順利地旋轉，隨意自如地變化動作，打出巧妙和有力度的球。

因為太極柔力球的力是起於雙腿，由腰脊主宰而發出上下一體的合力，要求周身協調，一動全身皆動。如果我們接球時不積極移動腳步，身體左歪右斜，前俯後仰，就會使動作上下脫節，就無法使全身的力量集中，也就完不成太極柔力球特有的技術要求。

這些錯誤方法對正確掌握動作形成了障礙，也會使比賽場上變得很被動。因此，習練者在訓練時一定要養成良好的習慣，加強步法的移動速度，切忌各種彎腰、探身的動作。在運動中始終使身體重心平穩，上體保持正直，使周身之力上下相隨，連綿不斷。

六、剛柔相濟

柔則微波不興，剛則雷霆萬鈞，柔中寓剛，剛中寓柔，剛柔相濟，這是太極類運動的攻略要訣。

太極柔力球運動看起來綿軟柔和、不緊不慢，但它同

樣能打出勢大力沉的進攻球。

由於初學者對太極柔力球的用力方法缺乏正確的領會，往往一發力就破壞了動作的連貫性，出現技術違例。這就要求習練者對如何發力有一個正確的概念。

首先要明確太極柔力球是以柔為主體，以柔化力、以柔克剛，它的力量是均勻連貫完整的渾圓之力。那種我們習慣中的間接式和停頓後再爆發式的用力都是違反規則的。

太極柔力球的力度和拋球方向是在入球的瞬間決定的，因為在太極柔力球規則中規定：球和球拍必須在一條連續、光滑、沒有拐點的弧形曲線中完成出球。規則中還規定球和球拍的運動要完整連貫，不得出現間斷和二次加力。這也說明不能讓球拍在運行過程中突然加力，而只能是一個均勻加力或均勻減力的過程。所以，力要集中用在拋球圓弧的開始部分，要想使出球速度快，就要加快身體的旋轉速度。

這就要求習練者在入球以前做好充分準備，如根據來球方向使身體反旋，撐起勁力使身體的對抗肌儘量放鬆，主動肌最大限度地增加初長度，加大身體的彈性勢能。當球入球拍後就可以獲得好的旋轉初速度。

除了發掘我們自身潛力外，還要學會借對方的來球之力，太極拳中叫借力打力，這也是太極柔力球的重要技術特點之一。

由圓的旋轉化解對方來球之力，由圓引導這個力與自身的力匯合形成一個更大的力去反擊對方，這是太極柔力

球也是其他太極類運動用力發勁的精妙之處。這種發力方法動作看似柔緩，但力量驚人。

這些都是需要我們在訓練中細心體會的。只有認真掌握好蓄力和發力的時機和方法，才能打出太極柔力球特有的韻律和風格。

第二節 練習內容的選擇與注意事項

一、內容選擇

太極柔力球的運動方式很多，習練者首先要根據自己的身體狀況選擇適合於自己的運動方式。身體好的可以打對練或上網打競技比賽，體力差些的可以打遊戲賽，打規定套路和自選套路。青少年可以將動作完成得上下翻飛，高、難、飄、快，給人以美的欣賞和力的震撼，從而展現青年的朝氣和勇猛。

老年人就應當根據自己的年齡、性別和身體條件選擇適合自己的動作和玩法，在完成動作時要以舒緩柔和、簡單自然、圓融飄逸的特色為中心，以修身養性為前提，以享受這項運動為目標，以長者平和沉穩、從容淡定的風範去完成動作。

二、注意事項

　　練習太極柔力球時，要注意合理調整運動時的心理狀態和鍛鍊時間。由於太極柔力球運動自然飄逸、無拘無束、隨樂起舞，能得到心靈的安慰和情感的釋放，時間長了就會形成一種心理上的良性依賴。有不少人非常喜歡，甚至有些沉迷，這些都是很正常的。因為，我們在平時的生活和工作中，往往受到方方面面束縛，更多的是壓抑自我，很難讓自我意識暢快自由地發揮。

　　太極柔力球給了大家創造自我的空間和舞臺，習練者可以隨心所願，天馬行空，自由翱翔，這是大家感到安慰和不忍割捨的主要原因，我們一定要正確認識這種心理現象。這項運動節奏相對較慢，再加上玩得高興，更不覺得勞累，往往會使活動時間過長。

　　要切忌「運動越多越好」的錯誤觀點，運動的頻度和強度都要有所限制，一般每天最多活動兩次，每次不超過一小時，而且要保持有氧運動，運動時的心率不要超過你最大心率的 80%（220－年齡＝你運動時應保持的最高心率），運動結束時，要做好放鬆和伸展活動，及時穿衣保暖，少量補充水分。

　　在練習時，要選擇空氣清新，地面平坦的場地練球，切記做好準備活動再開始練球，只有遵循人體生理規律，科學鍛鍊，才能收到預期的健身效果。

第四章

太極柔力球
的運動原理

第一節　太極柔力球的特點和比賽內容

太極柔力球是太極化的球類體育項目，所以「太極」是這項運動的根本和生命。我們應當將太極運動的核心思想「以柔克剛、以退為進、順敵之勢、化敵之力、引進合出、借力打力」和太極運動完整連貫、圓潤柔和、自然流暢、連綿不斷的動作特點，在太極柔力球運動中充分地體現出來。

學習太極柔力球技術之前，首先應當準確把握這項運動的風格和特點。在我們已知的持拍類體育項目中如羽毛球、網球、乒乓球，都是利用身體力量帶動球拍，與來球的方向相對運動，並在瞬間將球直接擊打出去，其運動軌跡是直線，技術特點是直接、快速、有力、較為粗放；在心理上是一種對抗、宣洩和釋放。

而太極柔力球是球拍在身體的帶動下，以退為先與來球相向運動，運動軌跡是弧線，由弧形引化，將來球之力和身體之力結合，帶動持拍臂揮旋，將球沿圓弧軌跡甩出球拍，在太極運動中稱為「借力打力、後發制人」，它的技術特點是間接、柔緩、剛柔相濟，細膩準確；太極柔力球在心理上提倡和讓、內斂，主張動靜和收放的平衡。

太極柔力球運動有競技賽和表演賽，在競技類比賽中，它保留著太極思想和太極運動中所有的神韻，同時又融入了如羽毛球、網球、乒乓球等體育項目的競賽形式，

比賽同樣緊張激烈，而且打得巧妙，鬥得高雅、就像是沒有身體接觸的柔道和太極推手，更多的是雙方心理和智慧的較量，看後讓人賞心悅目、回味無窮，更加突出了體育運動的競技性、觀賞性和趣味性，同時也給殘酷的競技體育融入了更多的文明和美好。

　　太極柔力球不僅能隔網對抗，還可以進行人球合一翩翩起舞的表演賽，在表演比賽中，有集體、雙人和個人賽，它將本民族傳統的武術、舞蹈、雜技與現代的藝術體操、花式滑冰、現代舞等項目有機結合並取其所長，使表演動作瀟灑飄逸、綿綿不斷，形成了一種獨具太極特色、人球和諧共舞的藝術表演形式，成為人人可及、雅俗共賞的百姓藝術。

第二節　太極柔力球的四大特點

一、柔

　　柔是太極柔力球的靈魂。有了「柔」才能化力克剛，禦敵制勝，柔也是這項運動最大的特色和魅力所在。「柔」是「剛」經過了千錘百煉之後昇華發展的結果。老子曰：「克剛易、克柔難」「天下莫柔弱於水，而攻堅強者莫之能勝。」這些都生動地說明了「柔」的價值和意義。太極柔力球正是柔的體現，柔的精髓。

二、圓

圓是化解力量和聚集力量的最佳選擇。它可以在最短時間內獲得最長的距離和最大的速度，它是力量的源泉，是這項運動特有的形態標誌。

太極柔力球所有的技術動作都是以圓為核心，人體在打球時是動態的，要想使畫出的圓絕對圓是不可能的，但在訓練和比賽中，我們要最大可能地使球拍控球的弧線過程保持在「一個圓心」「一個半徑」「一個平面」的弧形曲線上。這樣才能使動作有力度也有美感。

三、退

太極柔力球每一個動作完成都是以退為前提。只有退的時機、方向、力量恰到好處，我們才可能順利地完成技術動作，有了合理的後退我們才能蓄集更大的力量，才能獲得更全面的觀察視角，更加理性、巧妙、準確地向前進，它是以退為進戰略思想的開端和基礎。

在我們的生活中，經常會聽到「退一步海闊天空」這樣的處世之道，在道家行為思想中最重要的兩句話「退為道之動，弱為道之用」，在我國的兵書《三十六計》中指出「遇到強敵，主動撤退，尋找戰機以退為進」這是軍事戰略思想中的上上之策。

太極柔力球運動，正是這些思想的具體運用。

四、整

太極柔力球最根本的還是要體現完整運力的特點。太極柔力球從入球到出球是在一條連貫、光滑、沒有拐點的弧形曲線上完成的，是不可分割的「一條弧線」。球入球拍後，以兩腳為支撐，雙腿同時發力，使力集中於腰部，由腰來帶動軀幹、手臂及手握的球拍和拍內的球進行均勻加速或均勻減速的圓弧形運動。

出球的快慢和力量的大小都來自於腿和腰帶動的全身合力，在此過程中，手臂的肌肉和關節並不單獨發力，主要起到控制出球方向的作用。在訓練中要特別強調「一個整力」，這是我們正確完成動作的關鍵。

在完成每一個動作時都要周身協調、上下相隨、渾圓一體、一氣呵成，貫徹太極運動「一動全身皆動」的主導思想，打出太極柔力球特有的風格和韻味。

第三節　太極柔力球三大要素

一、迎

當球飛來時手持球拍，對向來球的方向主動伸拍迎球。如圖 4-1 所示 a 到 b 點之間的連線為迎球過程，球拍

與來球是相對運動，這樣獲得了充分的緩衝距離和入球時間，也為引球過程做好了準備。

二、引

在球快入球拍時，球拍順球的運動方向和軌跡相向運動。如圖 4-1 所示 b 到 c 點之間的連線為引球過程，當球拍與來球的速度接近時，使球從球拍的邊框處柔和地切入球拍，並在「引」的過程中，由流暢的弧線運動，盡可能多地將來球的力量引入拋球圓弧，使拋球過程獲得更多的初速度，為拋球過程的開始奠定良好的基礎。

三、拋

拋球過程是身體帶動持拍臂和球拍最大可能的穩定在一個同半徑、同轉軸、同平面的弧形曲線上進行均勻變速的圓弧運動。

如圖 4-1 所示 c 到 d 點之間的連線為拋球過程，它是將身體的運動力與「引」球過程導入的來球之力合為一體，並將這個力在拋球過程的最初階段作用於球拍和球，使它們沿拋球弧線旋轉，在離心力和向心力的作用下，球與球拍合為一體。

當球拍揮旋停止和減速時，在旋轉慣性的作用下（物理上稱為慣性離心力），使球克服了摩擦力和離心力，從球拍引化方向的邊緣沿著引化圓弧的切線方向飛出。

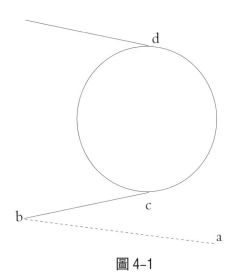

圖 4-1

　　迎、引、拋作為弧形引化過程的三個階段,既要準確反映各個環節的不同特點,又要在整體動作中融會貫通,連為一體。

　　太極柔力球從接球到拋出球的運動軌跡是一條連續、光滑、完整、沒有拐點的弧形曲線,在拋球過程中,球拍的運行軌跡應始終與引化曲線相切,球保持在球拍的內側。拋球過程的用力是在拋球的初始階段,球拍與球在拋球弧線中應當是均勻加速或均勻減速運動,在拋球開始後,不得再出現第二次突然用力和改變原有弧線軌跡。在球出球拍的瞬間,出球點的拍框外緣應與出球方向保持一致。

第四節　太極柔力球的力學原理

作為一項現代體育項目，不僅要打得柔美、巧妙，還要使動作有力度、有剛性，全面地體現太極運動的理念。為此我們需要瞭解太極柔力球的發力原理。

從太極柔力球的運行軌跡和動作要求可以看出，它是在一個空間弧形曲線上完成的均勻變速運動，太極柔力球的用力方法與田徑運動中的「鏈球」用力方法相似，從自身發力來講，它的出球力量來自身體旋轉產生的慣性，慣性的大小主要來自身體帶球拍旋轉的速度，球拍是在一條連貫、光滑、沒有拐點的圓弧曲線上運行，那麼球拍在這條線上的運動速度決定了球的飛行速度和力量。在物理上稱為「線速度」，它的公式是：

$$V = \omega R$$
$$V = 線速度$$
$$\omega = 角速度$$
$$R = 半徑$$

從以上的公式可以得出這樣的結論：線速度V與角速度ω和半徑R成正比關係。

要想獲得好的出球速度首先要掌握合理規範技術動作，理解太極運動欲進則退、欲左而右、欲右而左的發力

要領。根據來球方向使身體反旋，撐起勁力使身體的對抗肌儘量放鬆，主動肌最大限度地增加初長度，加大身體的彈性勢能，為身體揮拍旋轉蓄積強大的動能，從而使球拍在弧線運動中的角速度ω大大提高。

做功距離越長就會產生越大的力量，在固定圓心、保持身體平衡的前提下，加大動作幅度，最大限度地增長轉動半徑R，這樣就有效地增加了做功距離。

由於角速度ω和半徑R的增大使線速度V得到了提高，球也隨之獲得了強大的出球慣性，從而加強了進攻力度和進攻效果。同時也使整個動作舒展大方、美觀自然，更加符合該項運動的特點。

第五節　太極柔力球運動中的拍弧對應關係

在「引化現象」表現為大小都是弧、大小都是圓的設定條件下，應特別注重拍、弧之間的對應關係。在弧形引化過程中，拍面中心點應始終處於圓弧切點位置，且應與弧形引化軌跡中的任意一點相吻合。

在引化方向拍框邊緣的正中點為引化先導點，再與其相對應的處於引化方向後側拍框邊緣的正中點為對應點，通過拍面中心點C將上述兩點連接後形成的連線 AB，與弧內圓心O與拍面中心點C的連線（半徑）相垂直。球拍觸球面在弧形引化軌跡中，應始終對向弧內圓心方向。最後出球階段，球拍應沿著引化圓弧切線方向運行，最後出

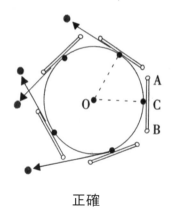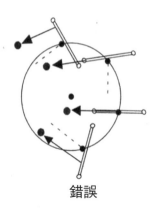

正確　　　　　　　　　　錯誤

圖 4-2

球的瞬間，引化方向的拍框邊緣應與出球方向保持一致。

　　鑒於上述的拍弧對應關係，在弧形引化過程中的任意一點上，當球拍面與引化圓弧產生較大角度並致使引化技術動作出現推、壓、扇、抖、挑、扣等可見現象時，均應視為錯誤接拋球。（圖 4-2）

第六節　太極柔力球運動理論探究

　　由以上的理論敘述，大家可能會對這項運動的理論基礎有了一個初步的瞭解，我本人水準有限只能從主要的技術過程進行一些粗淺分析。

　　太極柔力球的一部分動作是以身體的橫軸、縱軸、矢狀軸為軸心進行的旋轉運動，大部分還是有支撐點無實體軸和複合軸的運動，每個動作都是在兩維、三維甚至四維

空間中完成的，技術性很強，力學過程十分複雜，暫時很難在理論上作出確切的結論。

在動作的學習中也是學會較容易，但要學好是有一定難度的。它對我們的身體提出了更高更全面的要求，也更需要我們耐心理解它的基本理論，掌握科學正確的訓練方法，加強輔助練習，這樣才能高效率地完成每一個技術動作，打出剛柔並濟的太極特色來。

太極柔力球的運動方法和競賽規則都是圍繞上述的運動思想、技術原理、四大特點、三大要素和拍弧對應關係而設立的，這些也是太極柔力球運動的根本法則和基本理論，也是教練員、裁判員與運動員需要深刻領會和掌握的要點。

從理論上講，在拋球過程中，圓心和半徑不能突然改變，球拍與弧的對應關係不能發生錯誤，從視覺角度來講，在上述的要求發生錯誤時，動作是非常明顯的，也是容易判斷的。但人體是在動態中完成動作的，人體的支撐點、旋轉軸隨著動作的進行都處在一個相對的變化之中。要想使動作絕對精確也是不可能的。

我們畢竟是人而不是機器，不要機械地理解太極柔力球的理論內容，要從實際、直觀和可操作的角度認識它。在宏觀上統一技術方向，統一訓練思想，在微觀上仔細把握每一個動作的變化規律，在變化中求得發展和總體的統一，逐漸形成本項運動獨特的運動理念。

在比賽和裁判工作中要盡最大努力使動作規範，符合這項運動的基本理論。這項運動開展時間短，比賽也不

54

多，在理論方面較為稚嫩，相信隨著這項運動的普及發展及更多有識之士的參與，我們會儘快將理論內容完善起來，更好地指導這項運動健康發展。

在這裏我僅是拋磚引玉作一些通俗、簡單的分析，方便大家的理解和練習，希望專業的理論工作者，將來能從每一個細節上對它進行正確、嚴謹的分析，建立更加完備的專案理論體系，同時希望廣大的參與者對我本人的拙見多提寶貴意見，盼望我們大家真誠合作，共同努力。讓這項民族體育運動早日登上世界體育的大雅之堂。

第五章

太極柔力球

的基本技術

第一節　握拍與站位

一、握　拍

握拍是最基本和最簡單的基本技術，也是最容易被忽略的技術內容，正確的握拍，對於準確、全面、迅速地掌握太極柔力球技術意義重大。而如果握拍的動作錯誤，往往會影響我們對球的控制能力，會嚴重制約我們技術和戰術的發揮，降低了回球的效果和準確性，並容易產生錯誤的技術動作。因此，必須引起初學者的注意。

握拍有正握和反握兩種方法。（技術介紹均以右手握拍為例）

1. 正手握拍法

握拍之前，先用左手拿住球拍，使球拍豎直與地面垂直。再張開右手，用拇指和食指第一指節的指腹部位，相對捏住拍把與拍面平行的兩個寬面處，其餘手指自然彎曲依次扣握，拍把的尾部靠在手掌的小魚際處，掌心要空出，以便球拍在手中自如運轉。握拍的時候，不要過於用力，手、臂部肌肉要放鬆。（圖5-1）

2. 反手握拍法

反手握拍也是拇指和食指第一指節的指腹部位，相對

圖 5-1

圖 5-2

握握在拍把與拍面垂直的兩個窄面處。中指、無名指、小指依次扣握，掌心空出，使球拍在手內能靈活自如地運轉。（圖 5-2）

3. 握拍容易出現的錯誤

① 持拍臂緊張，手指僵硬，握拍過緊。

② 食指或拇指伸出，緊貼拍把。

③ 手部虎口緊貼拍把，五指大把攥握球拍。

4. 握拍的訓練方法

① 反覆強化正確的握拍方法。

② 要隨時檢查和注意自己的握拍是否正確，形成正確
的握拍習慣。

二、站 位

1. 正手站位

正手站位是指運動員正手握拍，接拋身體右側來球的
站位方法。要求面向對方，左腳在前，右腳在後，兩腳自
然開立，略寬於肩，兩膝彎曲略內扣，重心在兩腳之間，
腳跟略微提起，以前腳掌著地，髖關節放鬆，含胸收腹，
上體略向前，平視前方，右手持拍，自然置於身體右前上
方。（圖5-3）

2. 反手站位

反手站位是指運動員反手握拍，接拋身體左側來球的方
法。要求面向對方，右腳在前，左腳在後，兩腳自然開立，

圖 5-3

圖 5-4

略寬於肩，兩膝微屈略內扣，重心在兩腳之間，含胸收腹，
注視前方，右手持拍，自然置於體前左上方。（圖 5-4）

60

3. 站位容易出現的錯誤

① 兩腳，兩膝沒有彎曲內扣，呈外八字形。

② 腳跟著地，起動速度慢。

③ 直腿彎腰，身體前傾，重心不在兩腳之間。

4. 站位的訓練方法

① 加強正確的站位訓練。

② 多進行站位和移動的交替訓練，使運動員形成正確的動力定型。

第二節　發球與基本技術

一、發　球

1. 發球方法

　　發球是指比賽或對拋開始時把球拋向對手的動作。發球時，雙腳自然開立，左手拿球，右手持拍，左手將球由身體的前方向後上方拋出，在拋出離手 10 公分後才能夠進入球拍，在拋球的同時右手持拍向前迎球，球入拍後，做完整的弧形引化動作，將球順勢拋出。

　　發球時，必須有一隻支撐腳不得移位和脫離地面，發

球必須採用正確的接拋球技術，以高入低拋的弧形引化動作將球拋出。發出的球以其在空中的飛行分為高遠球、平快球和網前球三種。

61

2. 發球容易出現的錯誤

① 發球時為了增加出球的速度，不做完整的弧形引化，以前臂和手腕突然加速使引化中斷；或為了變化球的落點，突然折向發力，亦造成引化中斷。

② 為達到增加發球威脅的目的，橫向揮拍，將球推出球拍。

③ 為發高遠球，最後出球時突然發力向上鉤、挑球拍。

④ 發球時，球拍出球點的拍框外緣未能與出球方向保持一致。

3. 發球的訓練方法

① 加強專項輔助練習，嚴格規範每一個發球技術動作。

② 自拋自接球，強化球入球拍時的角度和全身整體運力拋球出拍的過程，體會每個球出球拍時拍框與出球方向的正確位置。

③ 對牆或對網發球，進一步體會全身完整用力，杜絕前臂、手腕單獨發力。

④ 場地定位發球，培養運動員發球的方向性、準確性和攻擊性。

二、正手接拋球

1. 正手接拋高球

正手接拋高球是指接球隊員以正握拍接拋身體右側前上方來球的方法。

接拋球時，根據來球的方向、速度及時調整站位，將接球點置於身體右側前上方，持拍臂以肩為軸，向右前方伸出迎球，當球觸及球拍後，迅速順勢向後經右後上方、右後方、向右後下方做弧形引化，從身體的右前下方將球拋出。

在球入球拍時應從球拍的側框切入，並從入球點對面的側框出拍，在球出球拍的瞬間，出球點的球拍側框應與

①

②

③　　　　　　　　④

圖5-5

出球方向保持一致，不要讓拍頭對著出球方向，注意身體
要正，腿和腰要帶動上肢協同用力。（圖 5-5①②③
④）。

2. 正手接拋低球

正手接拋低球是指接球隊員以正握拍，接拋身體右側
前下方來球的方法。

接球隊員正握拍，接拋球時，根據來球的方向、速度
及時調整站位，將接球點置於身體右側前下方，持拍臂以
肩為軸，向右前下方伸出迎球，當球觸及球拍後，迅速順
勢向右側後 45°方向做弧形引化，經右前上方將球拋出。

在弧形引化過程中，動作要連貫，入球時全身協調拉
上力量，在球出球拍的瞬間，出球點的拍框外緣要與出球
方向一致。（圖 5-6①②③④）

①

②

③

④

圖 5-6

3. 正手接拋球容易出現的錯誤

① 接拋球過程中，沒有弧形引化或弧形引化不明顯，出現折向發力的動作；或前半段的弧形引化做得較好，但到了後半段就變成了用拍面來引導，形成弧形引化中斷。

② 接球時，身體沒有及時反旋，蓄積身體的彈性勢能，以至於沒有足夠的旋轉慣性力將球甩出球拍，從而造成兩次加力等犯規情況。

③ 在球入球拍後，向後的引化幅度太大，方向不正確，拋球過程不能保持在一個同半徑的圓弧上，使得球拍無法沿圓弧切線將球拋出，造成動作引化中斷犯規。

④ 在出球的後半段，為使打出的球有力，手臂緊張加力，使引化圓弧的半徑改變從而改變了弧線軌跡，使球折向出拍，造成犯規。

⑤ 在完成動作時，手握球拍太緊，沒有根據弧線位置推捻手中的球拍，導致出球時出球點的拍框沒有對著出球方向，違反了拍弧對應關係造成犯規。

⑥ 入球和出球都在球拍上部的拍頭部，使得球在拍內形成折反，借不到來球之力，很容易造成折向發力犯規。

4. 正手接拋球的訓練方法

① 加強徒手和持空拍的輔助訓練，特別要注意球拍入球角和出球角的控制，球拍的運行弧線一定要圓潤流暢，揮拍的用力要連貫完整、一氣呵成。在空拍動作順暢自然以後再帶球做練習。

② 帶球練習時要先慢柔，使動作放鬆，不要急於加速、使力，等動作正確定型後再逐漸加快速度。

③ 在做正手接拋球時，要重視全身的整體協調用力，為手臂的揮旋創造條件，力要從腿、腰而發，帶動手臂旋轉。如果只用上肢和手臂力量，非常容易造成掉球失誤和動作犯規。

④ 正手接拋球是使用最多的技術，正確掌握有一定難度，尤其是正手接拋低球。我們在學習時要耐心細緻，找準手臂揮旋的圓心和半徑以及用力的方法，全身協調配合才可能做好這個動作。

三、反手接拋球

1. 反手接拋高球

反手接拋高球是指接球隊員以反握拍，接拋身體左側前上方來球，並按逆時針方向完成弧形引化動作的方法。接球隊員以反握拍，手臂外旋，持拍手的手心向上，持拍臂向左前上方伸拍迎球，球入球拍後以身體的完整力量帶動持拍臂向身體的左側後下方做弧形引化後，將球由左前下方向前拋出。（圖5-7①②③④）。

2. 反手接拋低球

反手接拋低球是指接球隊員以反握拍，接拋身體左側前下方來球的方法。接球隊員反握拍，手臂內旋，握拍手

圖 5-7

圖 5-8

的手心向下，向身體的左側前下方伸拍迎球，球入球拍後，以身體帶動持拍臂向左後上方做弧形引化，將球在身體的左前上方向前拋出。（圖 5-8①②③④）

3. 反手接拋球容易出現的錯誤

① 在人的反手側，動作的協調性、靈活性、穩定性相對正手側都有差距，是我們打球中較弱的一側，也是對方攻擊的要點，但在我們的訓練中對它的重要性認識不足，容易形成防守和進攻的漏洞。

② 由於球在身體的反手側，球拍入球時準備不足，往往不能主動伸拍迎球而是等球，拍框沒有對著來球方向，容易造成撞擊違例。

③ 做引化動作時，上下肢力量脫節，不用腿腰發力，這樣造成引化後出球無力，最後只用手臂的肘、腕發力，造成二次發力。

4. 反手接拋球的訓練方法

① 加強輔助訓練，尤其是反手入球階段，早判斷早作準備，早伸拍迎球，給引化球留出空間和時間。

② 多進行自拋自接輔助訓練，在伸拍迎球時，握拍的手指相對放鬆，讓球拍的側框對著來球方向，使球切入球拍，在自己練習定型後再進行對練，逐漸形成正確的技術動作。

③ 我們應當加強反手側的防守和由防轉攻的技術訓練，使反手側的動作更加純熟、規範，這樣使我們的弱點不弱，從而打亂對方的進攻戰術，為自己的有效進攻創造條件。

四、體前平弧球

1. 體前右拉球

接球隊員正握拍，將接球點置於體前偏左側，手臂外旋，向左前下方伸拍迎球，球拍的側框對著來球方向，拍面要與地面垂直，拍頭對向地面。當球入球拍後，迅速在體前向右側做水準弧形引化，並將球在身體右側側向拋出。（圖 5-9①②③④）

①

②

圖 5-9

2. 體前左拉球

接球隊員正握拍，將接球點置於體前偏右側，前臂內旋，向右前下方伸拍迎球，球拍側框對著來球方向，拍面要與地面垂直，拍頭對向地面。當球入球拍後，迅速在體前向左側做水平弧形引化，並將球在身體左側側向拋出。（圖 5-10①②③④）

① ② ③ ④

圖 5-10

3.體前平弧球容易出現的錯誤

① 出球時，不是用球拍的側框對著出球方向，而是拍面對著出球方向，將球推出球拍。

② 腿部僵硬，接拋球過程中沒有身體重心的變化，單靠手臂和手腕用力。

③ 入球時，沒有拉上力量，在最後出球時球無力出拍，只得用手腕力量抖球出拍。

④ 在最後出球時，不是以身體的整體運力帶動球拍畫弧並選擇出球方向。而是靠手腕的撥、挑控制出球方向。

4.體前平弧球的訓練方法

① 多進行體前擺動訓練，並且使擺動拉上力量，使手在擺動過程的任意一點都能感覺到球向外走的離心力，並控制自如。

② 持拍不帶球反覆進行體前平拉的技術動作，一定要注意腿和腰的蹬轉用力和球出球拍時球拍的正確方向，杜絕在最後出球階段手臂和手腕單獨發力。由訓練形成正確的動力定型後再帶球進行對拋練習。

③ 體前平弧球在場上變化多，進攻效果好，落點精確，是全場常用的小球技術，但如果訓練不規範也是很容易違例的。所以，在訓練中一定要精益求精，在動作標準的前提下再追求動作的變化、速度和球的落點。

第六章

太極柔力球

高級技術

第一節　隱蔽技術

隱蔽接拋球

　　隱蔽球是指接球隊員在接拋球時，以身體做掩護的接拋球方法。由於隱蔽動作突出了它出球的隱蔽效果，所以有些動作不能很舒展，無法合理利用身體的運動軸完成動作。大部分是有支撐點無實體軸和複合軸的運動，動作控制較為複雜。

　　需要我們練習時，根據自己的實際情況，選擇適合自己使用效果好且不易犯規的隱蔽動作。

1. 提右腿接拋球

　　接球隊員正手握拍，接拋球時將接球點置於右側前方，持拍臂在出拍迎球的同時，左腳先上半步成支撐腿，右腿上提，將引入球拍的球經右腿外側做弧形引化至腿下拋出。如果來球較高時，可以上左步以左腳起跳，右腿上擺，然後將引入球拍的球經右腿外側做弧形引化至右腿下拋出。（圖6-1①②③④）

2. 提左腿接拋球

　　接球隊員正手握球拍，接拋球時將接球點置於右側前方，持拍臂在出拍迎球的同時，右腳先上半步成支撐腿，

① ② ③ ④

圖 6-1

左腿提起並順勢將引入球拍的球經左腿內側做弧形引化至
腿下拋出。為了更快地恢復身體平衡，可以在提左腿時加

①　②

③　④

圖 6-2

大擺動力度，在完成腿下拋球後，順勢旋轉 360°，使身體
迅速恢復基本站位。（圖 6-2①②③④）

3.背後接拋球

在實戰中，背後接拋球是常用而且效果較好的隱蔽動作，接拋球時可採用原地、上步或撤步的接拋球動作。接拋球點在身體的右側，拍頭向下，持拍臂在引球入拍後，左右腳同時蹬轉，以身體的縱軸為中心，向右後方垂直轉動 90°，持拍臂圍繞身體順勢做弧形引化，使球經體後至身體左側拋出。做引化動作時，拍頭應微微翹起，以免球失控脫落。（圖 6-3①②③④）

③

④

圖 6-3

4. 腋下接抛球

接球隊員正握球拍，接抛球時將接球置於身體左側，拍頭向上球入拍的同時，右腳向左前跨半步，身體向左轉體約 90°，側對進攻方向，左臂屈肘上抬，持拍臂引球入拍後，順勢向左後方引化，經身後使球由身體左腋下抛出，注意出球時頭部要向前，眼看出球方向。（圖 6-4①②③④）

5. 右側頭後球

接球隊員正握拍，接抛球時將接球點置於頭部右側位，拍頭向上，球拍持球面對向身體縱軸，持拍臂在引球入拍後，帶球由頭的右側向頭後做弧形引化；右腳和左腳

①

②

③

④

圖 6-4

同時蹬地，使身體向右旋約 90°，將球從左側肩上方拋出。
（圖 6-5①②③④）

①   ②

③   ④

圖 6-5

6. 左側頭後球

接球隊員正握球拍，接拋球時將接球點置於頭部左側位，持拍臂前臂外旋，拍頭向上，持球面對向身體縱軸，引球入拍後，在全身的整體帶動下，球拍以身體的縱軸為中心，順勢向頭後做水準弧形引化，右腳向左前跨上半步，並向左轉體約 90°，將球從右側肩上拋出。（圖 6-6①②③④）

①

②

③

④

圖 6-6

7. 肩後球

接球隊員正握球拍,將接球點置於身體的右前上方,球拍拍頭向上,持球面對向身體縱軸,在引球入拍後,手臂外展,左右腳同時蹬轉,以身體的縱軸為中心,使身體帶動球拍向右後轉體 90°～180° 做弧形引化,將球從身體的左側向前拋出。或以右腳為軸,左腳蹬地後向右腳靠近,使身體原地向右後擰轉,將球從身體左側肩後拋出。(圖6-7①②③④)

① ② ③ ④

圖 6-7

8. 隱蔽接拋球容易出現的錯誤

① 動作使用不合理，勉強完成動作，沒有因球而選擇動作。

② 主次顛倒，注意了身體動作而忽略了弧形引化的要求，沒有給出球讓出合適的角度，被迫將球推挑出拍。

③ 在做隱蔽動作時，沒有使用全身上下合力，而單純使用手臂和手腕的力量，影響了出球品質，還造成動作犯規。

④ 在做隱蔽動作時身體沒有到位，背向出球方向被動出球，或動作幅度過大，超出了隱蔽的部位，失去了隱蔽的效果和意義。

9. 隱蔽接拋球的訓練方法

① 要全面仔細地學習隱蔽技術的正確動作，並要明白使用的時機、方向和位置。並在練習時反覆地加以強化，形成正確的使用意識。

② 分析每一個隱蔽技術動作的隱蔽部位，在哪裡出球角度好，隱蔽意義大，能用上身體的整體力量，不影響技術動作，不容易導致技術違例。使動作舒展美觀，同時又實用有效。

③ 在練習時同樣要加強不帶球的空拍練習，將每一個動作都能練習得準確自然，形成正確的動力定型，最後再帶球對練。除了動作標準以外還要強調球的落點準確，才會有更好的進攻意義。

第二節　進攻技術

旋球技術

1. 水平右旋球

　　正手站位，右腳為支撐，水平右旋的接拋球方法。當球向身體右側上方飛來時，右手持拍向右前上方伸拍迎球；同時，以右腳為支撐，左腳迅速蹬地，使身體向右後方順時針水平旋轉。持拍臂帶球，拍頭朝上，球拍的持球面對著身體的縱軸，並圍繞著身體的縱軸進行水平弧形引化旋轉。

　　在旋轉到身體左側時，將球沿引化圓弧的切線向前拋出，在旋轉的過程中，頭部要稍領先於身體的旋轉，提前觀察對方的站位情況，有目的地將球攻入對方場區。在球出球拍的瞬間，出球點的拍框外緣要對著出球方向。（圖6-8①②③④）

2. 水平左旋球

　　反手站位，當球向身體的左側上方飛來時，右手持拍向左前上方伸拍迎球；同時，以左腳為支撐，右腳迅速蹬地，使身體向左後方逆時針旋轉。持拍臂揮拍帶球，拍頭朝上，球拍的持球面對向身體的縱軸，並圍繞著身體縱

① ② ③ ④

圖 6-8

軸，進行水平弧形引化旋轉，在旋轉到身體右側時，將球
沿引化圓弧的切線向前拋出，在旋轉的過程中，頭部要稍
領先於身體的旋轉，提前觀察對方的站位情況，有目的地

將球攻入對方賽場。在球出球拍的瞬間，出球點的拍框外緣要對著出球方向。（圖 6-9①②③④）

圖 6-9

3. 原地右側旋球

正手站位，當球向身體的右下方飛來時，右手持拍向右前下方伸拍迎球；同時，右腳後撤，前腳掌外轉支撐，左腳迅速蹬地。在身體合力的帶動下，持拍臂由右下方向後側旋至身體的左上方，將球沿旋轉圓弧的切線方向甩出球拍，在球出球拍的瞬間，出球點的拍框外緣與出球方向保持一致。

在旋轉的過程中，頭部要稍領先於身體的旋轉，提前觀察對方的站位情況，有目的地將球攻入對方場區。（圖6-10①②③④）

①

②

③

④

圖 6–10

4. 原地左側旋球

　　反手站位，當球向身體的左側下方飛來時，右手持拍向左前下方伸拍迎球；同時，左腳後撤，前腳掌外轉並支撐，右腳迅速蹬地。在身體合力的帶動下，持拍臂從身體的左側下方向後側旋至身體右側上方，將球沿旋轉圓弧的切線方向甩出球拍。

　　在旋轉過程中，圓心和半徑要固定，弧線保持在一個

平面上。（圖6-11①②③④）

①

②

③

④

圖6-11

5. 騰空右側旋球

正手站位，當球向身體的右側飛來時，右手持拍向右前下方伸拍迎球；同時，滑步調整站位，當球入球拍後，左腳側蹬，右腳支撐起跳，或雙腳同時蹬轉在空中旋轉身體，帶動手臂和球拍及拍中的球，由身體右前下方，經體後向上從身體的左上方再向前畫一個完整的弧線，當球拍旋轉到最高點時，使球沿這個弧線的切線方向甩出球拍，出球點的拍框外緣要對著出球方向。

這個動作要注意的是，在起跳時，不是單純的上跳，而是向上跳的同時，使身體獲得在空中旋轉的力量。（圖6-12①②③④）

①

②

③ ④

圖 6-12

6. 騰空左側旋球

反手站位，當球向身體的左側下方飛來時，右手持拍
向左前下方伸拍迎球；同時，滑步調整站位，當球入球拍
後，右腳側蹬地面，以左腳支撐起跳，使身體在空中旋
轉，帶動手臂和球拍及拍中的球，由身體的左前下方經體
後向上，到身體的右上方，再向前畫出一個完整的弧線，
在這個弧線的最高點處，使球沿著這個弧線的切線方向甩
出，出球點的拍框外緣一定要對著出球方向。

這個動作如果要騰空完成，也是要在起跳時蹬旋，使
身體獲得足夠的旋轉力量和速度，從而產生更大的慣性，
使出球的速度更快。在旋轉過程中，頭要領先身體的旋

轉，提前觀察對方的防守情況，將球有目的地攻入對方賽場。（圖 6-13①②③④）

①

②

③

④

圖 6-13

7. 騰空水平旋球

正手站位，當球快速向身體的右側上方飛來時，可以採用騰空水平旋進行攔截，並順勢反擊。

技術動作是這樣的：雙腳迅速蹬地跳起，在空中，身體圍繞縱軸水平旋轉；同時，右臂持拍向右側上方迎球，球入球拍後，以身體的旋轉力量帶動手臂、球拍及拍中的球從身體的左側甩出。

旋轉時拍頭向上，球拍的持球面對著身體的縱軸，出球時，要注意球甩出球拍的瞬間拍框的外緣要對著出球方向，落地後，要迅速恢復基本站位。（圖6-14①②③④）

①

②

圖 6-14

8. 旋球技術容易出現的錯誤

① 在做旋轉動作時，沒有固定好轉動軸，發生動作偏移，使力量分散，無法集中，出球無力，造成球拍推、壓、扇、抖出球。

② 旋轉過程的最後出球階段，為使球更有威力，手臂緊張下拉，使旋轉半徑發生了改變，球拍脫離了正確的運行軌跡，形成折向發力。

③ 入球和旋轉以前，沒有做好充分的準備，在球入球拍時，身體沒有旋轉到位就倉促出球，首先是沒有進攻效果，落點盲目。另外，出球點的拍框不能對著出球方向，容易出現二次加力和折向發力犯規。

9. 旋球技術的訓練方法

① 旋球技術主要是原地和騰空後向各個方向的旋轉進攻，說到旋轉，核心問題是旋轉軸心、旋轉半徑、旋轉平衡、旋轉速度，如果上述幾點控制好了，旋球技術就好控制，不容易出現犯規。

② 最好的方法就是加強輔助訓練，使每一個體位和方向的旋轉都平穩、自如、連貫。

③ 使每一個旋轉動作都儘量保持在一個同轉軸、同半徑的圓弧上，並且要求這個圓弧在一個平面中完成。空拍畫圓練習時，要讓起點和終點重合，弧線中間連貫不斷，由練習形成正確的旋轉習慣。

④ 在每一個旋轉動作前，都要強化進行反向擰轉，蓄積身體的彈性勢能，增強動作的最初動力，加大動作的初速度，避免後程加力形成違例，並使旋轉動作到位，使球的落點更加準確。

第七章

太極柔力球

套路表演

第一節　套路表演的技術特點

　　太極柔力球的套路練習與太極拳的一些特點要求非常相似，要求全身放鬆，神志入靜，立身中正，上下相隨，虛實分明，柔中有剛，剛柔相濟，動作較多地使用纏絲勁、拔絲勁、螺旋勁、拉長勁，用意念主導形體而動。

　　套路是太極柔力球基本功的練習方法，是體會和掌握太極柔力球用力和控球技巧的關鍵，要求動作以圓為核心，環環相扣、勢勢相連、綿綿不斷，沒有停頓、折拐和直線運動，整體套路圓融、婉轉、柔和、自然、一氣呵成，如行雲流水一般。

　　在練習太極柔力球套路時，主旨和運動的風格是相同的，但形式和表達方法各有特點，套路練習就像寫字一樣，先「踏」字後臨摹，透過這些長期的基本訓練掌握了正確的字型、字體，然後再逐漸形成自己的特色，最後達到隨心所欲、下筆如神、字若其人的境界。

　　我們練習規定套路就是在進行該項運動的基本功和動作單元訓練，在掌握了規範正確的基本技術之後才能將太極柔力球自由輕鬆、形意相通的韻味體現出來。

　　在套路練習中，上體要靈活自然、中正平舒，兩臂放鬆抱圓自然擺動，下肢要紮實有力，兩膝微屈，每個動作的用力都要以腳腿而起，最後由腰來主宰整個動作的完成。在套路演練中，手和腳要協調配合，手動腳動，腳動

手亦動，由手腳的互動使整個身體順暢自然。

　　在步法移動和身體的變化中，要先沉後移，落步輕柔準確、重心平穩。球拍畫出的弧和圓都要飽滿對稱、連貫自然。在拋接球時，要遵照技術規範，在一條弧形曲線之中以完整一體的全身合力將球沿球拍的邊框和所畫圓弧的切線方向甩出。

　　在套路練習時，手要隨時感覺到球的重力和球的離心力方向，靈活準確地控制球拍，球拍持球面要保持一定的角度，並對向拍內球的離心力方向，使球與球拍之間的摩擦力始終大於球的動力，球拍與球沾連黏隨、不離不棄、你中有我、我中有你，這與太極推手中雙方你來我往的攻防要領很相似，我們要在練習中最大限度地發揮手指的觸覺、靈敏，練出黏勁，練出纏功，這是掌握太極柔力球套路表演技巧的關鍵。

　　太極柔力球的套路是流動的藝術，每一個動作都要求在動態中完成，在大小不同的圓中完成。身體動起來全身的肌肉關節才能協調有序地完成動作，在不斷的行進過程中，才能使腿腰之力上傳到球拍上，使球拍在各種不同的圓弧軌跡中獲得綿綿不絕的動力，球拍在運轉過程中有了充足的動力，畫出的圓才會圓潤飽滿，拍內球獲得的離心力和向心力才會更大，這樣球拍和球之間就能更緊密地相貼，真正的提高控球技巧。

　　在套路練習中，所有的動作都是圍繞離心力、向心力完成的，再複雜的動作也是萬變不離其宗，只要練就了扎實的基本功，真正理解了這項運動的技術原理，就會一通

百通，自由地掌握和運用各種技術動作，編排出優美流暢
的自選套路。

第二節　套路練習的注意事項
與編排要求

　　好的文章是有感而發，妙在天成。好的運動、舞蹈也
一樣，它是內心靈感的爆發和閃現。自選套路就應以即興
發揮為主，隨心所欲，自由創作。

　　在個人套路演練時，要有自我的特色，動作要隨勢而
動，順其自然，發自內心的真情實感是大家共同欣賞和理
解的。在技術的使用上，要恰到好處又不牽強附會，儘量
減少動作之間的銜接痕跡，不能為了追求技術難度而丟掉
了所要表達的主題情感，丟掉了太極柔力球特有的韻味。

　　在完成每一個動作時都要順暢自然，不可過多地人為
做作，要意到行到，順勢而為、巧妙婉轉地進行動作組
合。我們應當將東方含蓄優雅的美與西方藝術巧妙結合，
使每一個練習者都能在套路練習中找到心靈的安寧，讓每
一個動作都能成為無聲的音樂，營造一種返璞歸真、清醇
自然的氛圍，使大家體會到物我兩忘，超脫世俗、融於自
然的美好境界。

　　在自選套路的演練中，要根據自己的自身條件，巧妙
自然的編排動作，最大可能地發揮自身優勢，但不要過分
機械刻板地學習動作，參加練習的人有男有女，年齡也各
不相同，每個人都有不同的身體素質和生理條件，我們要

有自己的風格和韻味，不必苛求每個動作都一定要與光碟教學或其他隊員相同，太極柔力球的鍛鍊形式很多，適合自己的才是最好的。

我們不要把太極柔力球簡單地理解為帶了球的太極拳，更不是球的雜耍，我們應當將太極柔力球技術和諧地融入動作和音樂之中。要以輕鬆自然，圓潤柔和，動作合理，有利身心健康為前提。以舒展大方，中正穩健，典雅端莊，獨具太極韻味為目標。

透過該項運動讓自己的身心得到放鬆休息，找到真正屬於自己的自由和快樂。這才是太極柔力球運動的最高境界和精華所在。

這項運動使我們每個人都能在這和諧美妙的運動中享受藝術之美，享受自己的創作激情，宣洩和抒發自己的情感，用自己特有的方式表達對自然和美好生活的嚮往，在自我愉悅的同時，感動他人進而感動世界，讓世界人民更加瞭解博大精深的中國文化，世界人民由這項運動領悟到東方民族忍讓包容、和諧自然的生存哲學。享受到東方民族含蓄典雅的肢體藝術，以及更加文明精妙的競爭技巧。

我們希望太極柔力球運動能像足球、籃球一樣得到世界人民的鍾愛，成為和平和友誼的使者，讓華夏文明孕育的體育運動給世界帶來更多的歡聲笑語和健康快樂。希望這項全新的體育項目能為世界人民的健康、文化事業做出更大的貢獻。早日融入世界體育的大雅之堂，更好地造福人類、服務社會。

第三節　第一套太極柔力球規定套路

一、左、右擺動（2×8拍）

預備姿勢：身體直立，兩臂自然下垂，右手正握球拍，左手持球。

1.第一個八拍

第1拍：左手持球由左經頭前上方拋至右前上方，重心移至右腳，持拍臂迎球將球迎引入拍；同時，左腳向左橫跨一步，重心由右腳沉移至左腳，持拍臂由身體右側位經體前向左弧形擺動至左側位，拍尖向前，拍面約與地面垂直，約與肩同高。

第2拍：重心由左腳沉移至右腳；同時，持拍臂由身體左側位經體前向右弧形擺動至右側位，拍尖向前，拍面約與地面垂直，稍高於肩。

第3拍：重心由右腳沉移至左腳；同時，持拍臂由身體右側位經體前向左弧形擺動至左側位，拍尖向前，拍面約與地面垂直，稍高於肩。

第4、5、6、7、8拍同上2、3拍，分別依次完成。

2.第二個八拍

除沒有拋球動作外，同第一個八拍的動作相同同時加上左右併步（重心移至右腳時，左腳並向右腳內側）。

【要求】

① 持拍臂以肩為軸帶動球拍左、右弧形擺動。

② 擺動時，身體中正，重心平穩，先沉後移。

③ 整個動作要自然放鬆。

二、正面繞環（4×8拍）

1.第一個八拍

第1拍：由右向左弧形擺動至左側位。

第2拍：由左向右弧形擺動至右側位。

第3拍：持拍臂以肩為軸，由右向左在體前順時針繞環一周。

第4拍：由右向左弧形擺動至左側位。

第5、6、7、8拍同1、2、3、4拍，動作方向相反。

2.第二個八拍

同第一個八拍。

3.第三個八拍

第1拍：由右向左弧形擺動至左側位。

第2拍：由左向右弧形擺動至右側位。

第3拍：持拍臂以肩為軸，由右向左體前順時針繞環一周，同時左腳向左橫跨一步，右腳向左腳內側併步。

第4拍：持拍臂由右向左弧形擺動至左側位；同時，左腳向左橫跨一步成開立。

第5、6、7、8拍：動作同1、2、3、4拍，動作相同，方向相反。

4. 第四個八拍

同第三個八拍，最後一拍向左弧形擺動至右側位時拍尖逐漸調整向右前上方，左臂自然打開。

【要求】

① 正面繞環時，要以肩為軸，肘關節、腕關節自然彎曲。

② 移動時，重心要平穩。

③ 整個動作要自然放鬆、圓潤流暢。

三、左、右轉體（4×8拍）

1. 第一個八拍

第1拍：由右向左水平弧形擺動至左側位，兩腳開立，持拍臂與肩同高。

第2拍：由左向右水平弧形擺動至右側位，兩腳開立，持拍臂與肩同高。

第3拍：以左腳為軸向左水平轉體180°，轉體時雙臂
體側打開；同時，順勢向左帶腰。

第4拍：向右水平弧形擺動至右側位。

第5拍：由右向左水平弧形擺動至左側位。

第6拍：由左向右水平弧形擺動至右側位。

第7拍：以左腳為軸，向左水平轉體180°，轉體時，
雙臂體側打開；同時，順勢向左帶腰。

第8拍：順勢向右水平弧形擺動至右側位，兩腳開
立，持拍臂與肩同高。

2. 第二個八拍

第1拍：由右向左水平弧形擺動至左側位，兩腳開
立，持拍臂與肩同高。

第2拍：由左向右水平弧形擺動至右側位，以右腳為
軸向右水平轉體180°，旋轉時雙臂體側打開。

第3拍：由右向左水平弧形擺動至左側位。

第4拍：由左向右水平弧形擺動至右側位。

第5拍：由右向左水平弧形擺動至左側位。

第6拍：以右腳為軸，向右水平轉體180°，旋轉時雙
臂體側打開。

第7拍：由右向左水平弧形擺動至左側位。

第8拍：由右向左水平弧形擺動至左側位。兩腳開
立，持拍臂與肩同高，調整拍形成拍尖向前。

3. 第三個八拍

第1拍：由右向左弧形擺動至左側位。

第2拍：由左向右弧形擺動至右側位。

第3拍：持拍臂借轉體以腰為中心由右向左立旋；同時，左腳活步，右腳向左側180°處上步。

第4拍：左腳向後180°處撤步成開立（馬步）；同時，持拍臂順勢由右向左擺動至左側位，稍高於肩，拍尖向前、左臂自然擺動。

第5、6、7、8拍：與前四拍動作相同，唯方向相反。

4. 第四個八拍

同第三個八拍。

【要求】

①水平旋轉時，以身體的縱軸為軸做蹬轉，蹬轉時，力要發自於腿而主宰於腰，全身協調用力，以身體帶動肢體旋轉。

②以腰為中心旋轉時，要圓潤流暢，舒展大方。

③旋轉時，雙臂要打開，保持身體平衡，重心平穩。

四、左、右小拋（4×8拍）

1. 第一個八拍

第1拍：由右向左弧形擺動至左側位，球拍的左邊框

向上時，將球沿所畫弧線的切線方向拋出（球拋出的高度稍高於頭）。

　　第2拍：持拍臂由左側位主動將球沿球拍左邊框迎引入球拍，由左向右弧形擺動至右側位，球拍的右邊框向上時，將球沿所畫弧線的切線方向拋出。

　　第3拍：持拍臂右側位主動將球沿球拍右邊框迎引入拍，由右向左弧形擺動至左側位，球拍的左邊框向上時，將球沿所畫弧線的切線方向拋出。

　　第4、5、6、7、8拍：同上第2、3拍。

2. 第二個八拍

　　同第一個八拍。

3. 第三個八拍

　　擺動同前兩個八拍，拋球後左側換反握迎引球，右側換正握迎引球。

4. 第四個八拍

　　同第三個八拍。

　　【要求】

　　① 擺動到位時將球拋出，拋球時，應沿所畫弧線的切線方向拋出，球拋出的高度稍高於頭。

　　② 接球時持拍臂應主動將球迎引入拍，由接球弧形擺動至拋球應完整流暢，一氣呵成。

五、正、反拋接（4×8拍）

1. 第一個八拍

第1拍：由右向左弧形擺動至左側位。

第2拍：由左向右弧形擺動至右側位。

第3拍：由右向左弧形擺動至左側位，球拍的左邊框向右上方時，將球沿所畫弧線的切線拋出（球拋出的高度稍高於頭）；同時，持拍臂順勢向身體右上方迎球。

第4拍：持拍臂右側位主動將球沿球拍右邊框迎引入拍，由右向左弧形擺動至左側位。

第5拍至第8拍：同第1拍至第4拍，動作相同唯方向相反。

2. 第二個八拍

同第一個八拍。

3. 第三個八拍

第1拍：由右向左弧形擺動至左側位。

第2拍：由左向右弧形擺動至右側位。

第3拍：由右向左弧形擺動至左側位，球拍的左邊框向右上方時，將球沿所畫弧線的切線拋出（球拋出的高度稍高於頭），持拍臂順勢向身體右上方迎球；同時，左腳向左橫跨步，右腳向左腳內側併步。

第4拍：持拍臂右側位主動將球沿球拍右邊框迎引入拍，由右向左弧形擺動至左側位；同時，左腳向左橫跨一步成開立。

第5拍至第8拍：同第1拍至第4拍，動作相同唯方向相反。

4. 第四個八拍

同第三個八拍。

【要求】

① 拋球時，應沿所畫弧線的切線拋出，球拋出的高度稍高於頭。

② 接球時，應主動迎球，將球迎引入拍，應悄無聲息。

③ 整個動作應圓潤流暢，整體用力。

六、腿下拋接（4×8拍）

1. 第一個八拍

第1拍：由右向左弧形擺動至左側位。

第2拍：由左向右弧形擺動至右側位；同時，重心移至右腳。

第3拍：向前踢左腿；同時，由右向左弧形擺動經左腿下將球沿所畫弧線的切線方向拋至左前上方。

第4拍：左腿自然落回原位；同時，持拍臂主動迎

球,將球由球拍左邊框迎引入拍,順勢下沉向右弧形擺動至右側位。

第5拍:由右向左弧形擺動至左側位。

第6拍:由左向右弧形擺動至右側位;同時,重心移至左腳。

第7拍:向前踢右腿;同時,由右向左弧形擺動經右腿下將球沿所畫弧線的切線方向拋至左前上方。

第8拍:右腿自然落回原位;同時,持拍臂主動迎球,將球由球拍左邊框迎引入拍,順勢下沉向右弧形擺動至右側位。

2. 第二個八拍至第四個八拍

同第一個八拍。最後一拍右腿落下成開立。

【要求】

① 向前踢腿的角度要高於 90°,支撐腿要伸直,身體要中正。

② 拋球時,球應沿所畫弧線的切線方向拋出,不能撥挑。

③ 接球時,主動迎球,將球悄無聲息的迎引入拍。

七、身後拋接(4×8 拍)

1. 第一個八拍

第1拍:由右向左弧形擺動至左側位。

第2拍：由左向右弧形擺動至右側位，拍尖逐漸調整向下（稍稍內扣成下抱圓），左臂自然擺至體前，左腳向前上步（腳尖內扣點地）；同時，以身體的縱軸為中心，左右兩腳同時蹬轉，使身體向右轉約 90°。

第3拍：借蹬轉順勢將球沿所畫圓的切線經身後拋至身體左前上方（稍過頭），持拍臂迅速回位，準備接球。

第4拍：持拍臂向右前上方主動迎球，將球迎引入拍，順勢下沉向左擺動至左側位；同時，身體向左轉 90°，左腳左撤成開立步。

第5拍：同第2拍。

第6拍：同第3拍。

第7拍：同第4拍。

第8拍：由左向右弧形擺動至右側位。

2. 第二個八拍至第四個八拍

同第一個八拍。

【要求】

① 拋接要以身體的縱軸為軸，下抱圓蹬轉。

② 下抱圓蹬轉，拍尖向下（稍稍內扣），拋球時，應借蹬轉協調用力。

③ 身後拋球應借蹬轉順勢將球沿所畫圓的切線拋出，不能撥挑。

八、整理運動（2×8 拍）

1. 第一個八拍

同第一節的第二個八拍（併步）。

2. 第二個八拍

第 1 拍至第 6 拍：同第一個八拍（原地）。

第 7 拍：由右向體前弧形擺動，在體前球拍的左邊框向上將球沿球拍的邊框拋出。

第 8 拍：左手手心向前接球並緩緩落至身體左側，右手持拍自然落至身體右側；同時，左腳向右腳還原成併步。

【要求】

① 擺動時的要求同左、右擺動。

② 收勢時，接球手臂要緩緩落下。

第八章

太極柔力球

競技比賽規則簡介

第一節　場地與器材介紹

一、場　地

太極柔力球比賽有雙打和單打場地，雙打和單打場地的邊線均為 11.88 公尺，雙打端線為 6.10 公尺，單打端線為 5.18 公尺，中線把比賽場地分成兩個面積相等的區域。在兩邊場區中距中線 2.97 公尺處各有一條與中線平行的線為限制線，限制線到中線之間的區域為限制區，限制線到端線之間的區域為發球區。

兩邊的網柱高 1.80 公尺，球網長為 7 公尺，高為 1.75 公尺，網寬 0.8 公尺。場地的線寬是 0.4 公尺。比賽場地與羽毛球場地大體相同。

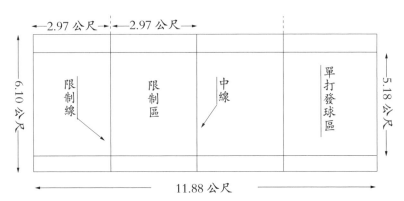

圖 8-1　太極柔力球比賽場地

二、球

太極柔力球為球形。青少年比賽用球由橡膠或橡塑材料製成，直徑為 6.8 公分 ± 0.2 公分；重量為 54 克 ± 2 克。中老年比賽用球總重量和直徑與青少年用球相同，但總重量包括球體內能夠流動的 27 克沙粒。

三、球　拍

太極柔力球拍包括拍框、拍頸和拍柄三部分，總長 47～54 公分，拍框厚度 8～10 毫米。拍框內緣內低外高，有兩條對稱的斜面，斜面角度在 35°～45°。拍頸拍柄總長 23～30 公分。拍框內徑 20.7 公分。拍面厚度為 0.6～1 毫米，由柔軟有彈性的橡膠或橡塑材料製成。在球拍水平放置時，拍面要有 2～5 毫米的自然下垂，拍面的中心應為下

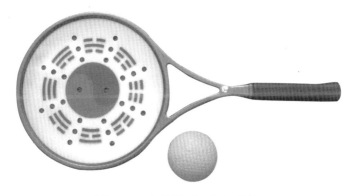

圖 8-2　太極柔力球和球拍

垂的最低點，拍面下垂度不得超過比賽時所用球拍拍框厚度的一半即 4～5 毫米。

拍框材料可以是碳纖維、鋁合金、硬塑膠或其他堅固材料製成。球拍的總重量 120～200 克。

第二節　比賽方法與規定

一、發球權

比賽前，裁判員以抽籤方式決定雙方運動員選擇發球權或場區。選擇發球權的一方首先發球，每局比賽開始後發滿 5 個球後雙方交換發球權（中老年組發滿兩個球交換發球權），在每局比賽打到 20：20（中老年組打到 10：10）以後，開始輪流發 1 球到比賽結束。

在雙打比賽中，雙方隊員輪流依次發球，發球的順序是 A1、B1、A2、B2、A1……依此類推。

二、合法發球

發球時必須站在場地的發球區內，在雙打發球時，一人發球另一人必須在賽場內，但不能影響對方的視線。在發球時，有一支撐腳不得移位和起跳，一隻手將球向後上方明顯拋出，另一隻手持拍向上伸拍迎球，在球入球拍後

以正確的高入低拋的弧形引化動作完成發球。

球可以發到對方場區的任何位置。

三、接拋球方法的規定

太極柔力球從入球到出球階段球拍始終是在一條連續、光滑、沒有拐點的弧形曲線上運行，每一個動作都要以上下一體的全身合力揮旋球拍。球拍與球在弧形軌跡中運行時，只能是均勻加速或均勻減速，當球拍揮旋停止和減速時，在旋轉慣性的作用下，球從球拍引化方向的邊緣沿著引化圓弧的切線方向飛出。

在接拋球過程中，球與球拍間出現硬性撞擊，弧形引化中斷、連擊球等現象為接拋球違例，其中引化中斷是指球拍在弧形引化過程中出現間斷、停頓、折拐、二次發力、離心力消失等。

四、限制區的規定

1. 在賽場的限制區內，可以使用所有的技術動作，但在球出球拍所運行的切線方向必須是由下向上運行，不得低於網上的水平面。球是以向上的拋物線進入對方場區。

2. 攻方隊員在做高速向下進攻球時的支撐點和起跳點可以在場地的任何位置，但在動作完成後的支撐點和落點必須在賽場的限制線後，在進攻動作完成後的瞬間身體的任何部位都不得觸及限制區和限制線。

3. 賽場的限制線向兩側無限延長。

第三節　比賽中的犯規和違例及勝負判定

一、比賽中的一般規定

1. 界內球：落在比賽場區地面上或壓在界線上的球為界內球。

2. 在比賽進行中，球擦網落入對方場區為合法球。

3. 死球：球觸及地面或出現違例時為死球。

4. 重賽：比賽進行中，如遇到不能預測或意外情況時，保留比分，條件恢復後可繼續比賽。如遇主裁判員和副裁判員都未看清，不能作出裁決時，應予以重賽。如一方運動員提出意見，對方認可，主裁判員可尊重雙方意見，給予重賽。

二、比賽中的犯規和違例

1. 球落在球場的界線外。

2. 球不過網或球從網下、網柱外以及網孔穿過。

3. 比賽時，球拍與球的最初接觸點和出球點不在本方場地一側。

4. 任意一個回合進行中，球觸及球場固定物或球觸碰

運動員的身體和衣物。

5. 運動員進行弧形引化時球拍觸及地面。

6. 比賽運動員的球拍、身體和衣物觸及球網及網柱。

7. 運動員腳踩中線。

8. 攻方隊員在前場區（限制區內）攻出的球沒有向上的拋物線。

9. 雙打時，同方隊員進行接拋球時球拍相碰。

10. 運動員接拋球時，腳步移動超過兩步。

11. 球入球拍後球拍運行的弧形曲線形成了閉合或在圓弧上超過 360°出球。

三、比賽結果的判定

1. 勝一球

比賽一方利用發球與接發球或在任一回合中利用合法還擊使對方出現失誤或其他違例則勝一球，得 1 分。

2. 勝一局

在比賽中某方領先對方兩球以上，青少年組打滿 21 分為勝一局，在出現 21：21 時，必須贏 2 分本局比賽才能結束，或其中一方先打滿 25 分者為勝（中老年組打滿 11 分為勝一局，出現 11：11 時，必須贏 2 分或一方先打滿 15 分為勝一局）。

3. 勝一場

先勝兩局的一方為勝一場。某方棄權或拒絕繼續進行比賽，則判對方以 21：0 的比分和 2：0 的比局取勝（中老年組判對方以 11：0 的比分和 2：0 的比局取勝）。

導引養生功

全系列為彩色圖解附教學光碟

張廣德養生著作　每冊定價350元

1 疏筋壯骨功+VCD
疏筋壯骨功
定價350元

2 導引保健功+VCD

導引保健功
定價350元

3 頤身九段錦+VCD

頤身九段錦
定價350元

4 九九還童功+VCD

九九還童功
定價350元

5 舒心平血功+VCD

舒心平血功
定價350元

6 益氣養肺功+VCD

益氣養肺功
定價350元

7 養生太極扇+VCD

養生太極扇
定價350元

8 養生太極棒+VCD

養生太極棒
定價350元

9 導引養生形體詩韻+VCD

導引養生形體詩韻
定價350元

10 四十九式經絡動功+VCD

四十九式經絡動功
定價350元

輕鬆學武術

1 二十四式太極拳+VCD

二十四式太極拳
定價250元

2 四十二式太極拳+VCD

四十二式太極拳
定價250元

3 八式十六式太極拳+VCD

八式十六式太極拳
定價250元

4 三十二式太極劍+VCD

三十二式太極劍
定價250元

5 四十二式太極劍+VCD

四十二式太極劍
定價250元

6 二十八式木蘭拳+VCD

二十八式木蘭拳
定價250元

7 三十八式木蘭扇+VCD
三十八式木蘭扇
定價250元

8 四十八式太極劍+VCD

四十八式太極劍
定價250元

太極跤

1 太極防身術

太極防身術
定價300元

2 擒拿術

擒拿術
定價280元

3 中國式摔角

中國式摔角
定價350元

彩色圖解太極武術

1 太極功夫扇

定價220元

2 武當太極劍

定價220元

3 楊式太極劍

定價220元

4 楊式太極刀

定價220元

5 二十四式太極拳＋VCD

定價350元

6 三十二式太極劍＋VCD

定價350元

7 四十二式太極劍＋VCD

定價350元

8 四十二式太極拳＋VCD

定價350元

9 楊式十八式太極劍

定價350元

10 楊氏二十八式太極拳＋VCD

定價350元

11 楊式太極拳四十式＋VCD
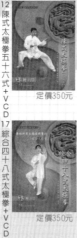
定價350元

12 陳式太極拳五十六式＋VCD

定價350元

13 吳式太極拳五十六式＋VCD

定價350元

14 精簡陳式太極拳八式十六式

定價220元

15 精簡吳式太極拳三十六式 拳架‧推手

定價220元

16 夕陽美功夫扇

定價220元

17 綜合四十八式太極拳＋VCD

定價350元

18 三十二式太極拳 四段

定價220元

19 楊式三十七式太極拳＋VCD

定價350元

20 楊氏五十一式太極劍＋VCD

定價350元

21 嫡傳楊家太極拳精練二十八式

定價220元

22 嫡傳楊家太極劍五十一式

定價220元

23 嫡傳楊家太極刀十三式

定價220元

1 醫療養生氣功

定價250元

2 中國氣功圖譜

定價250元

3 少林醫療氣功精粹

定價250元

4 龍形實用氣功

定價220元

5 魚戲增視強身氣功

定價220元

6 道家玄牝氣功

定價200元

8 仙家秘傳祛病功

定價160元

9 少林十大健身功

定價180元

10 中國自控氣功

定價250元

11 醫療防癌氣功

定價250元

12 醫療強身氣功

定價250元

13 醫療點穴氣功

定價250元

14 中國八卦如意功

定價180元

15 正宗馬禮堂養氣功

定價420元

16 秘傳道家筋經內丹功

定價300元

17 三元開慧功

定價250元

18 防癌治癌新氣功

定價180元

19 禪定與佛家氣功修煉

定價200元

20 顛倒之術

定價360元

21 簡明氣功辭典

定價360元

22 八卦三合功

定價230元

23 朱砂掌健身養生功

定價250元

24 抗老功

定價230元

25 意氣按穴排濁自療法

定價250元

27 健身祛病小功法

定價200元

28 張氏太極混元功

定價250元

30 中國少林禪密功

定價200元

31 郭林新氣功

定價400元

32 八卦之源與健身養生

定價280元

33 現代原始氣功1

定價400元

34 養生開脈太極

定價300元

35 通靈功—養生祛病及入門功法

定價300元

37 太極內功養生法

定價180元

38 無極養生氣功

定價200元

39 氣的實踐小周天健康法

定價200元

40 達摩易筋經＋DVD

定價350元

41 達摩洗髓經＋DVD

定價400元

42 精功易筋經

定價200元

健康加油站

 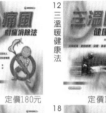

運動精進叢書

1 怎樣跑得快

定價200元

2 怎樣投得遠

定價180元

3 怎樣跳得遠

定價180元

4 怎樣跳的高

定價180元

5 高爾夫揮桿原理

定價220元

6 網球技巧圖解

定價220元

7 排球技巧圖解

定價230元

8 沙灘排球技巧圖解

定價230元

9 撞球技巧圖解

定價230元

10 籃球技巧圖解

定價220元

11 足球技巧圖解

定價230元

12 羽毛球技巧圖解

定價220元

13 乒乓球技巧圖解

定價220元

14 曲線球與飛碟球

定價300元

15 街頭花式籃球
定價280元

16 精彩高爾夫

定價330元

17 巴西青少年足球訓練方法

定價230元

18 籃球個人技術全圖解+VCD

定價300元

19 門球（槌球）入門與提升180問

定價230元

20 美國青少年籃球訓練方式250例

定價280元

21 單板滑雪技巧圖解+VCD

定價350元

22 籃球教學訓練遊戲

定價280元

23 羽毛球技‧戰術訓練與運用
定價280元

國家圖書館出版品預行編目資料

太極柔力球／白　榕　著
　　　　——初版，——臺北市，大展，2010〔民99.10〕
　　　　面；21公分 ——（武術健身叢書；1）
　　　　ISBN　978－957－468－773－2（平裝；附影音光碟）

1.球類運動
528.959　　　　　　　　　　　　　　　　　　99015101

太極柔力球 附 VCD

著　　者／白　　榕

責任編輯／孔　令　良

發 行 人／蔡　森　明

出 版 者／大展出版社有限公司

社　　址／台北市北投區（石牌）致遠一路2段12巷1號

電　　話／（02）28236031・28236033・28233123

傳　　眞／（02）28272069

郵政劃撥／01669551

網　　址／www.dah-jaan.com.tw

E－mail／service@dah-jaan.com.tw

登 記 證／局版臺業字第2171號

承 印 者／傳興印刷有限公司

裝　　訂／建鑫裝訂有限公司

排 版 者／弘益電腦排版有限公司

授 權 者／北京人民體育出版社

初版1刷／2010年（民99年）10月

定　價／250元

大展好書　好書大展
品嘗好書　冠群可期